Wilhelm Marr

Der Sieg des Judentums über das Germanentum

Wilhelm Marr

Der Sieg des Judentums über das Germanentum

ISBN/EAN: 9783743354951

Hergestellt in Europa, USA, Kanada, Australien, Japan

Cover: Foto ©ninafisch / pixelio.de

Wilhelm Marr

Der Sieg des Judentums über das Germanentum

Der

Sieg des Judenthums

über das

Germanenthum.

Vom

nicht confessionellen Standpunkt aus betrachtet

von

W. Marr.

Vae Victis!

Sechste Auflage.

Bern,
Rudolph Costenoble.
1879.

Vorwort.

Was ich mit dieser Schrift beabsichtige, ist weniger eine Polemik gegen das Judenthum, als die Constatirung einer kulturgeschichtlichen Thatsache. Wo immer die Verhältnisse zu einem polemischen Ton der Sprache zwingen, kann und muss derselbe nur als «Schmerzensschrei» Unterdrückter aufgefasst werden.

Ein resignirter «Pessimismus» fliesst aus meiner Feder. Denkt, «es muss auch solche Käuze geben» und seid überzeugt, Niemand freut sich mehr als ich selber, wenn die von mir berührten Thatsachen *ad absurdum* geführt werden können.

Angegriffen sind die Juden und das Judenthum schon unzählige Male in der Literatur. Aber durchweg vom Standpunkt unserer nichtjüdischen Selbstüberschätzung; ich möchte sagen, in grossprahlerischem Gambetta'schen Rückzugsstyl. Zu dem ehrlichen, offenen Eingeständniss, dass Israel eine Weltmacht allerersten Ranges geworden ist, hat es unser Dünkel noch nicht gebracht. Wir haben wohl die Juden, aber — uns selbst nicht erkannt.

Auf Originalität wird diese Schrift also jedenfalls Anspruch machen dürfen. Frei von all und jedem confessionellen Vorurtheil geschrieben, lässt sie Euch nur in den Spiegel einer kulturgeschichtlichen Thatsache blicken und es ist nicht die Schuld des «Pessimisten», wenn Euch der Spiegel — Sclaven zeigt.

Ich wünsche dieser Schrift zweierlei.

1) Dass sie von der jüdischen Kritik nicht todtgeschwiegen,

2) dass sie nicht mit den sattsam bekannten suffisanten Redensarten abgefertigt werde.

Ich verkünde ja laut, und zwar ohne jede Absicht einer Ironie, den weltgeschichtlichen Triumph des Judenthums, das Bülletin einer verlorenen Schlacht, den Sieg des Feindes ohne irgend welche Beschönigung der geschlagenen Armee.

Und ich sollte denken, eine solche Offenheit hat Anspruch darauf, etwas Anderes als zelotisches Zeitungsgemauschel zu erwarten.

W. M.

1.

Wenn ein Volk das andere unterjocht, so pflegt einer von folgenden zwei Fällen einzutreten. Entweder, der Eroberer geht in die Kultur des Eroberten auf und verliert seine Spezialität. Dies war u. A. bei den Tataren der Fall, welche unter Dschingiskhan China eroberten und Chinesen wurden. Ebenso bei den Longobarden, deren Germanenthum sich vollständig italisirte.

Oder: dem Eroberer gelingt es, seine Spezialität dem Eroberten aufzudrücken. Vide die angelsächsische Race in Nordamerika und ihr Einfluss in Mittel- und Südamerika.

So grossartig nach verschiedenen Richtungen hin die erwähnten beiden Erscheinungen sein mögen, so verschwinden sie doch vor der Kulturgeschichte des Judenthums. Denn hier tritt ein Moment völlig neuer Art auf.

Ein ganzer semitischer Volksstamm wird von seiner Heimath Palästina zu wiederholten Malen gewaltsam losgerissen, in die Gefangenschaft geführt und schliesslich «zerstreut».

Was die «babylonische Gefangenschaft» anbetrifft, so scheinen die Babylonier ihrer jüdischen Gefangenen bald überdrüssig geworden zu sein, denn man liess sie wieder laufen. Das Gros des Volkes kehrte nach Palästina zurück. die «Bankiers» und die Reichen blieben in Babylon, trotz des Zürnens und Donnerns der altjüdischen Propheten.

Es muss hier gleich auf die Thatsache hingewiesen werden, dass die Juden von Anfang an, wo sie in der Geschichte auftreten, bei allen Völkern ohne Ausnahme verhasst waren.

Nicht ihrer Religion wegen, denn die Juden, — wenigstens den Propheten zufolge, — verstanden es im Alterthum ausgezeichnet, der Abgötterei anderer Völker sich anzuschliessen, wie denn überhaupt das s. g.

«starre Judenthum» erst ein Produkt der Zeit nach der Zerstörung Jerusalems geworden ist.

Die generelle Feindschaft gegen die Juden hatte andere Gründe. **Erstens in der Scheu der Juden vor wirklicher Arbeit. Zweitens: in ihrer gesetzlich vorgeschriebenen Feindschaft gegen alle Nichtjuden.** Dass ein Volk, welches in Krieg und Frieden den **Codex Mosis** bekannte, keine internationale Sympathie erregen konnte, wird Jeder zugeben, der das mosaische Gesetz in der Bibel auch nur ganz flüchtig zu durchlesen sich die Mühe gegeben hat. Phantasie- und herzlos, rein traktatmässig geschäftlich, in Formalismus verknöchert war das Verhältniss der Juden zu Jehovah. Im praktischen Leben der ausgeprägteste **Realismus**, den man sich denken kann. Aber in **dieser** Beziehung wie aus einem ehernen Guss. Selbst der Jehovah des alten Testamentes war ein **starrer Realist**. Er anerkannte die **Existenz «anderer Götter»** und war vom **Konkurrenzhass** gegen diese beseelt.

Titus beging den weltgeschichtlich dümmsten Streich, den man sich nur denken kann, indem er nach der Zerstörung Jerusalems die Juden theils in die **römische** Gefangenschaft schleppte, theils sie gewaltsam künstlich zerstreute. In Rom herrschte eben so wenig **Glaubenshass**. «Jeder Gott ist in Rom willkommen», sagte das Sprüchwort. Freilich, wenn im **Namen** der Götter, die in Rom ihr *«salve hospes»* fanden, die Menschen Unfug trieben, die römischen Tempel zu demoliren suchten u. s. w., so schritt die römische Polizei ein. Was die Juden aber auch bei den Römern verhasst gemacht hat, war wieder ihr exclusives Wesen, gepaart mit dem realistischen **Schacher- und Wuchergeist**, den sie in die römische Welt mitbrachten.

Diese römische Welt, wie das ganze klassische Alterthum, war in **Zersetzung** begriffen als die Juden importirt wurden. Der Semitismus fand also für seinen Realismus einen günstigen Boden und schon zu Constantins Zeiten bildeten die «Neujuden» (Christen) — die Geldmacht in Rom. Bei allen Völkern des Alterthums, die handeltreibenden Phönicier und Karthager nicht ausgenommen, war es unschön, das zu treiben, was in moderner Form die Agiotage, der Schacher, der Wucher genannt wird. Stossen wir im Mittelalter auf «Geldnegozianten», so waren es Juden, die man benutzte, aber — verachtete. Diese Weltanschauung lief parallel mit einer modernen, nach welcher man «den Verrath liebt, aber den Verräther hasst».

Der abstrakte Realismus des Judenthums war also in die abendländische Gesellschaft durch die Römer gewaltsam importirt. Zeit und Verhältnisse waren seiner Entwicklung und Ausbreitung günstig. Das Judenthum war der realistische Hülfsmann der Geschichte geworden und fand für seinen arbeitsscheuen, spekulativen Realismus einen fruchtbareren Boden im Abendlande, als es ihn je in Palästina besessen hatte.

Ganz natürlich erregte dies den Neid der abendländischen Bevölkerung, und da der grosse Haufe von jeher es liebte, die Religion zum Deckmantel seiner Interessen zu machen, so bildete sich mit der Ausbreitung des Chrisenthums der (scheinbar) religiöse Judenhass im Abendlande aus.

Wie blödsinnig die religiöse Seite dieses Hasses war, erhellt schon daraus, dass man die Juden verantwortlich für die Kreuzigung Christi machen wollte; eine Prozedur, welche bekanntlich die römischen Autoritäten, dem Geschrei eines jerusalemitischen Pöbels feige nachgebend, in Scene gesetzt hatten. Jener jüdische Pöbel zu Christi Zeiten hat ja nicht mehr und nicht weniger gethan, als der Pöbel aller Zeiten, aller Völker stets gethan hat, noch thut und stets thun wird. Heute «Hosiannah!» und morgen «Kreuzige!» schreien. Aber es liegt einmal in der Menschennatur, dass sie die Vorsehung, die Religion immer behelligt, wenn sie Dummheiten oder Niederträchtigkeiten begehen will. Man hat sich fast noch nie in Kriegen gegenseitig erwürgt, ohne zuvor hüben und drüben die Götter oder unsern Herrgott anzurufen und ihnen oder ihm die Ehre der Bundesgenossenschaft aufzudrängen, und so mussten denn auch Gott und die Religion herhalten bei allen Judenverfolgungen, während in Wahrheit diese letztern doch Nichts waren als das Ringen der Völker und ihres Instinktes gegen die realistische Verjudung der Gesellschaft, als ein Kampf um's Dasein.

Ja! wenn wirklich einzelne fanatische Juden im Mittelalter beim Passahfest — — — „Christenkinder geschlachtet" hätten, — wenn solche hirnverbrannten Vorfälle sich ereignet hätten, was historisch nicht nachweisbar ist, so wären dies keine andern Abscheulichkeiten als es die Verbrechen überhaupt sind, und berechtigten durchaus nicht zu einem generellen religiösen Hass. So wenig wie dies die Unflätereien gewisser pietistischer Secten gegen das Christenthum vermögen.

Gegen jede «religiöse» Verfolgung nehme ich somit die Juden unbedingt in Schutz und ich glaube, es ist in dieser Hinsicht kaum möglich, sich deutlicher auszusprechen als ich es hier gethan habe.

Dagegen betone ich folgende unumstösslich feststehende Thatsache:

In den Juden ist dem Abendlande durch die Römer ein Volksstamm aufgedrungen worden, der, seiner eigenen Geschichte zufolge, bei allen Völkern des Orients auf's Gründlichste verhasst war. —

2.

Die Juden sind also nicht als Eroberer mit dem Schwerte zu uns gekommen. Sie wurden von den Römern als politische Gefangene in die abendländische Welt hinein — «internirt» und zwar derartig, dass sie die Freiheit der Wahl der Niederlassung hatten und in den Städten ihre Sitze unter einer Controlle standen, in den s. g. «Ghettos» (Judenvierteln). Nichts ist natürlicher, als dass die Juden ihre Unterjocher und Wegführer aus der Heimath h a s s e n mussten. Nichts natürlicher, als dass dieser Hass durch einen beinahe zwei Jahrtausende langen Druck und Verfolgung im Abendlande anschwellen musste. Nichts natürlicher, als dass die Juden in der Verbannung und indirekten Gefangenschaft im Abendlande noch gehässiger wurden als sie es im Orient waren. Nichts natürlicher, als dass sie mit dem ihnen angebornen Talent der Schlauheit und Ueberlistung, als «gefangen» einen Staat im Staate, eine Gesellschaft in der Gesellschaft bildeten. Der jüdische **Partikularstaat** setzte im Abendlande den Krieg mit List fort, den er mit ausrottenden Waffen im Morgenlande gegen die Völker geführt hatte, wo er der Stärkere war.

Es war dies einfach ein natürliches Recht der Juden. Man kann von dem Unterdrückten nicht Milde statt Trotz erwarten und am wenigsten Aufrichtigkeit von einem Volke, dessen Gesetz nicht im Hinhalten der rechten «Backe» besteht, wenn man die linke schlägt.

« Auge um Auge, Zahn um Zahn », sagt der Jehovahnismus. War das Kriegsrecht der Strenge gegen ein solches Volk, nachdem man einmal den grossen politischen Fehler begangen hatte, es in die abendländische Gesellschaft gewaltsam hinein zu zwingen, berechtigt, so war der zähe Widerstand der Juden ebenfalls ihr natürliches Recht und die staunenswerthe Zähigkeit und Ausdauer der Semiten hat es dahin gebracht, dass sie im 19. Jahrhundert die erste Grossmacht des Abendlandes in der Gesellschaft geworden sind, und dass namentlich in Deutschland das Judenthum nicht in dem Germanenthum aufgegangen ist, sondern umgekehrt das Germanenthum im Judenthum. Aufgegangen bis zu dem Grade, dass die Stimmführer des deutschen Patriotismus, der « Reichsfreundlichkeit », die Stimmführer unserer parlamentarischen, ja **kirchlichen** Kämpfe — **J u d e n** sind. —

Es ist gleich Anfangs nach der Zerstreuung der Juden im Abendlande eine bemerkenswerthe kulturgeschichtliche Erscheinung gewesen, dass das Judenthum sich in die Städte warf und der Arbeit des Landbaues und der Kolonisation sich noch abholder zeigte als in Palästina und noch früher in Egypten. Man wende nicht ein, dass es in manchen Ländern den Juden nicht gestattet gewesen sein soll, Grund und Boden zu erwerben. Das Abendland war bis tief in das Mittelalter hinein zum grossen Theil ein **b r a c h l i e g e n d e s   U r l a n d.** Nichts stand jenem « Squatterleben » entgegen, welches die Pionire der Kultur in den Wäldern Nord-Amerika's führten. Herrenloser Boden war im Abendlande in Ueberfülle vorhanden. Aber er wurde von den Juden nicht in Angriff genommen, denn diesem Volke fehlte die energische Thatkraft der alten Angelsachsen, die, ihres Glaubens wegen vertrieben, im fernen Westen aus **W i l d n i s s e n   S t a a t e n   s c h u f e n.** Nicht die Axt und der Pflug, die List und die Verschlagenheit des realistischen Schachergeistes waren die Waffen, mit welchen die Juden das Abendland eroberten und namentlich aus Deutschland ein Neu-Palästina gemacht haben.

Und warum vorzugsweise aus Deutschland? Der Romanismus, das alte cäsarische Römerthum, war selbst ein politischer und gesellschaftlicher Realismus in dem Grade geworden, dass die Juden ein Staatsganzes vor sich sahen, welches erst durch den Idealismus des Christenthums zerbröckelt werden konnte. Mit der Einführung desselben als Staatsreligion, mit dem Beginn des Papstthums, welches den Gegensatz von Christ und Nichtchrist aufrecht erhalten musste, um die Welt zu monopolisiren, fand die jüdische «Handelsfreiheit» ihren Rahmen in Rom und Italien eingeengter. Das Judenthum decentralisirte sich mehr und mehr und wich vor dem kirchlich-christlichen Fanatismus zurück. Es zerstreute sich massenhaft über Spanien und Portugal und über die slavischen Länder, bis es von dort über Holland nach Deutschland in Massen emigrirte, während es unter den damaligen slavischen Barbaren seine sociale Minirarbeit ungestörter fortsetzen konnte. Nächst dem Slaventhum war aber das Germanenthum am unvorbereitetsten gegen die Fremdlinge. Das Gefühl einer deutschen Nationalität, geschweige eines deutschen Nationalstolzes, existirte in den germanischen Ländern nicht. Und gerade desshalb wurde es dem Semitismus leichter, in Deutschland festen Boden zu fassen als in andern Ländern.

Allerdings erregte auch hier die Spezialität der orientalischen Fremdlinge Anstoss. Allerdings provozirte die semitische List und der realistische Geschäftsgeist in den ackerbautreibenden Ländern germanischen Namens eine Reaktion gegen die Juden. Dieses fremde Volkselement und sein Realismus stach zu sehr ab gegen den ganzen Charakter des Germanenthums. Seine Satzungen, seine ausgesprochenen Glaubenssätze, in allen Nichtjuden «Unreine»*) zu erblicken, erregten auf der einen Seite den Grimm des Volkes, während die Juden sich anderseits benutzen liessen von den «Grossen», um auf Kosten des Volkes — — mit den Grossen ihre Geldgeschäfte zu machen. —

Hochbegabt, hochtalentirt nach dieser Richtung hin, dominirten die Juden schon im Mittelalter im Gross- und Kleinhandel und überflügelten das im Schweisse seines Angesichts arbeitende Volk.

Dieses Volk sah, dass sein ethisches Gefühl den Juden nicht innewohnte, denn lieber als ihre Emanzipation war ihnen das Geldverdienen. Wo dieser Punkt existirte, erduldeten sie Alles. Von Oben officiell gedrückt, konnten sie sich nach unten hin realistisch schadlos halten. Das Volk durfte nicht murren zu dieser seiner Ausbeutung durch die Grossen, bei welcher das Judenthum den Makler machte. Es nahm also die Religion zum Vorwande. Die «Kreuziger Christi» sollen uns ausbeuten? schrie man. „Hepp! Hepp!"

---

*) Unter der Judenschaft von Pesth verursachte es (im Dezember 1865) grosse Aufregung, dass der Vorbeter der orthodoxen Gemeinde, Namens Schor, den Pesther Oberrabbiner Dr. Meisel, beschuldigte, er habe, zur kaiserlichen Tafel geladen, von den Speisen genossen. Die Untersuchung (!) ergab, dass die beiden eingeladenen Rabbiner zwar von den Speisen auf ihren Teller genommen, auch mit Messer und Gabel sich beschäftigt (!), aber nicht wirklich gegessen hatten. Hierauf entsetzte die Gemeinde den Vorbeter Schor seines Amtes. — Man muss sich bei solchen Vorgängen nun fragen, mit welchem Rechte doch Leute, die sich zu verunreinigen glauben, wenn sie an einem christlichen Mahle theilnehmen, an einem Mahle, zu dem sie ihr Landesherr geladen, auf bürgerliche Gleichstellung mit den Christen dringen können? — (Ghillany, Europäische Chronik III, 120.)

Den «Grossen» kamen solche gelegentliche Judenhetzen gar nicht ungelegen. Wurden doch die Juden dadurch in Abhängigkeit und M a k l e r w i l l f ä h r l i c h k e i t gehalten und durften sich nicht beikommen lassen, als « C o u r t a g e » die Emanzipation ihres Volkes zu fordern. Es lässt sich nun durchaus nicht läugnen, dass der abstracte, geldindustrielle und Schachergeist der Juden zum Emporblühen des Handels und der Industrie in Deutschland viel beigetragen hat. Das Interesse, und nicht das Ideal baut die Staaten, und stellen wir uns das Interesse als eine Persönlichkeit dar, so sind seine Mittel zum Zweck in den seltensten Fällen lauter und edel. Despotische Fürsten im steten Kampfe mit einem despotischen und raubsüchtigen Adel, ein Bauer, der sich vom Negersclaven kaum durch etwas Anderes als die Farbe der Haut unterschied, ein Bürgerthum, welches bis in die Zeiten der Kreuzzüge hinein noch sehr fragmentarisch, beinahe problematisch war. So stellte sich die germanische Gesellschaft dar, während in Italien, Frankreich und Spanien die Kultur bereits blühte.

In dieses wirre, täppisch-germanische Element drang das glatte, listige, elastische Judenthum ein; mit seiner ganzen realistischen Begabung intellectuell, d. h. was die Intelligenz der Schlauheit betrifft, wohl geeignet, auf das Germanenthum hinabzublicken, den monarchischen, ritterlichen, deutschen Tolpatsch zähmend, indem es seinen s c h l e c h t e n L e i d e n s c h a f t e n behülflich war.

Ein V a t e r l a n d hatte der Jude nicht. Seinem einstigen Vaterlande wurde er mit jedem Tage mehr entfremdet und die Erinnerungen an dasselbe waren ihm nur Formeln. Dagegen hatte ihm die Natur die Gabe versagt, sich mit andern Völkern zu amalgamiren, zu assimiliren. Er blieb abstossend gegen ihre Religion, spröde gegen ihre Sitten, Gebräuche und Lebensweise. Er konnte seine Unterdrücker in Allem täuschen, nur nicht darin, dass er

— 14 —

Jude war und bleiben wollte. Seine Satzungen waren eine permanente Herausforderung und Demonstration gegen die « Unreinen », in deren Mitte er lebte. Er war ihnen typisch fremd und ist es geblieben bis auf den heutigen Tag; ja, sein exclusiver Judaismus tritt heute nach der Judenemanzipation, wie wir später zeigen werden, noch weit ausgeprägter hervor als dies in früheren Zeiten der Fall war.

Wir dürfen uns also nicht schämen vor dem Eingeständniss, dass uns mit dem Judenthume *ab ovo* ein Element in unsere abendländische Gesellschaft gekommen ist, welches unsere Vorfahren an List und Schlauheit bei weitem überragte und mit diesen Waffen im Abendlande kämpfte, nachdem ihm das Feuer und Schwert des Fanatismus und Hasses gegen andere Völker im Orient aus den Händen gerissen war. Den Kampf gegen alles Nichtjüdische hat das Judenthum im Abendlande mit diesen Waffen stets fortgesetzt. Es widerstand siegreich unsern Weltanschauungen, es impfte uns die seinigen dagegen von Jahr zu Jahr mehr ein, indem es die Begriffe von Recht und Unrecht so elastisch machte, dass im Handel und Verkehr ihre Gränzlinie nur da erst zu finden ist, wo — das brutale Verbrechen beginnt, aber die «straflosen Verbrechen» zu « Usancen » gemacht hat. Jener Spottvogel, der die Börsenleute in « weisse » und « schwarze » Juden eintheilte, hat nicht so ganz Unrecht.

Aus diesem Allen folgt aber nur, dass das Germanenthum nicht geistige Widerstandsfähigkeit genug besass, um sich vor der Verjudung zu schützen und so ist Deutschland denn nach und nach das eigentliche Centrum, das neue « gelobte Land » für den Semitismus geworden, der aus Spanien, Portugal und Polen herein fluthend, das bereits ansässige Judenthum noch verstärkte.

Dieses Volk, die Juden, welches in seiner eigenen Geschichte eine Energie des theokratischen Fanatismus besass, wie kein anderes Volk auf Erden, dessen theokratischer Codex in Krieg und Frieden geradezu haarsträubend war, hat seine ganze destructive Spannkraft in andere Formen gebracht und in dieser Form die abendländische Welt erobert, was ihm bei der morgenländischen Welt mit Feuer und Schwert nicht gelungen ist.

Eine solche kulturgeschichtliche Erscheinung ist keine Seifenblase, die man mit einem wohlfeilen «Hepp, Hepp!» zum Platzen bringt. Es ist eine dämonische Erscheinung, trotz ihrer typischen «Frazzenhaftigkeit».

Ein Volk, dessen Typus das Gelächter des cäsarischen Rom's erregte, das Schmutz starrend, — schlimmer als man es heute in Russland und Polen antrifft, — sich über Europa verbreiten konnte, das von der Bildung der damaligen Zeit gehänselt, vom Pöbel gemisshandelt, vom kirchlichen Zelotismus verfolgt wurde, — dieses Volk machte sich als «Makler» im Mittelalter bereits die Grossen tributär und sog durch die Intelligenz und Elastizität seines realistischen Schachergeistes die Kleinen aus, behielt dabei die ganze theokratische-jehovahnische Starrheit bei, welches seine eigenen, human denkenden Ausnahmsjuden fanatisch verfolgte. Und dieses Volk hat mit seinem jüdischen Geiste die Welt erobert!

Das ist nicht die Macht des jüdischen religiösen Glaubens. Denn der Jude hat keine ideale Religion, er hat nur einen Geschäftsvertrag mit Jehovah und zahlt in Satzungen und Formeln seinem Gott, der ihm dafür ausdrücklich die angenehme Pflicht auferlegte, alles Nichtjüdische zu vertilgen. Es ist die gewaltige Macht eines vollbewussten, typischen **Realismus,** den wir im Judenthum anzustaunen gezwungen sind, der uns in seinem Pathos wie in seiner Satyre überall entgegentritt. Denn was die Thatsächlichkeit geschäftlicher, erwerblicher Momente anbetrifft, so **unterscheiden** wir Germanen uns kaum mehr noch von den Juden; es fehlt uns nur noch die **initiative** Kraft des semitischen Volkes, und da wir vermöge unserer Stammesorganisation uns diese Kraft nie werden erringen können, so ist, — weil ein **Stillstand** in der Kulturgeschichte unmöglich, — unsere **Perspektive** keine andere, als eine Zeit, in welcher **staatlich und gesetzlich** das Judenthum zur **Feudalherrschaft** wird, und wir **Germanen** seine « **Hörige** » bilden werden.

3.

In welchem grossen Irrthum das Germanenthum befangen war, der Judenfrage nur eine religiöse, d. h. confessionelle Bedeutung beizulegen, resp. ihr eine solche abzugewinnen, hat einer unserer edelsten Menschen, unserer grössten Denker und Dichter, unserer scharfsinnigsten Kritiker, hat — Gotthold Ephraim Lessing in seinem «Nathan der Weise» gezeigt. Das 18. Jahrhundert, in welchem Lessing lebte, war das Jahrhundert der philosophischen Emanzipation von Vorurtheilen aller Art, namentlich von religiösen. Nun ist es merkwürdig, dass in jener grossen Epoche die englischen wie die französischen «Freidenker» dem Judenthum gegenüber sich mehr oder weniger ablehnend verhielten. Der grosse Deïst Voltaire ging dem Formalismus des Judenthums sogar sehr herzhaft zu Leibe. Er und in England Mylord Bolingbrooke verhehlten ihre Stammesaversion gegen die Juden nicht im geringsten, und betonten sogar recht deutlich, dass die Juden eine eigentliche Religion gar nicht beanspruchen könnten. Sie behandelten das Judenthum geistig en bagatelle.

In Deutschland dagegen schlug der grosse Lessing einen andern Weg, — einen philosophischen Irrweg, — ein in seinem «Nathan der Weise» und es ist seltsam, dass dieser so in die Augen fallende Irrweg unseres Unsterblichen in unserer zersetzenden Zeit der literarischen Rücksichtslosigkeiten so wenig Beachtung gefunden hat.

Die Sage von den «drei Ringen» ist das schönste, was die Poesie der Toleranz je geschaffen hat. Aber wem legt Lessing diese erhabene und erhebende Wahrheit in den Mund? Einem jüdischen Rothschild unter dem Sultan Saladin! War das nothwendig in einem Tendenzdrama? — Konnte Nathan nicht ein jüdischer Gelehrter, ein anticipirter Baruch Spinoza sein? — Musste das widrige Element der Geldnegozianten hineinspielen? Und dennoch — versetzen wir uns psychologisch in die Stimmung des Dichters, so waren, — ihm selber unbewusst, Jude und Geldmensch identisch. Dieser war von Jenem nicht zu trennen. Instinktiv fühlte das der Dichter. Nathan macht Kriegsanleihen zum Kampfe gegen die Kreuzfahrer. Er nimmt geschäftlich finanziell Partei für einen der «Ringe». Er bietet dem Saladin Geld an — unmittelbar nach der wunderherrlichen Erzählung von den drei Ringen. Zinsfrei — nun ja, aber er unterstützt den einen «Ring», der noch dazu nicht einmal der des Judenthums ist. Allerdings unterstützt er auch den «Tempelherrn», aber die Neutralität des «Etre suprême», die in der Ringlegende so erhaben schön geschildert ist, wird durch ihn, Nathan, selber abgeschwächt. Lessing konnte unbewussterweise nicht über die Identität von Jude und Geldnegoziant hinaus. Musste der Held des Drama's ein Jude sein, warum stellte er diesen Juden nicht edelmetallfrei dar? Und so apotheosirte Lessing einen Ausnahmsjuden, der aber als Geldmann ein solcher war. Nathan ist ein Individuum, aber kein Begriff. Er steht charakteristisch vielleicht eine Stufe höher als der chargirte «Schewa» von Cumberland. Dieser letztere aber ist wahrer, naturgetreuer gezeichnet; Schewa ist aus dem Leben gegriffen; Nathan ist ein Abstraktum, das in die höchste, idealste Poesie der Humanität, ja der Toleranzphilosophie als — B a n k i e r eintritt.

Der Jude Nathan würde den «Monotheismus» repräsentirt haben, wenn ihm Lessing nicht den realistischen Beigeschmak des Geldnegozianten gegeben hätte. Es beweist dies nur, dass selbst L e s s i n g, wider Willen, die I d e n t i t ä t von J u d e und G e l d m a c h t darstellte.

Der Lessing'sche N a t h a n wurde gleichwohl so recht eigentlich der B a h n b r e c h e r für die Judenemanzipationsideen bei den Deutschen. Der germanische Idealismus musste von der Ringsage captivirt werden und übersah, dass Lessing's N a t h a n nur — — ein F a b e l w e s e n sein konnte!

Wäre Nathan ein C h r i s t gewesen, es hätte sich mehr als ein P a u l L i n d a u gefunden, der die « literarische Rücksichtslosigkeit » begangen hätte, den grossen Humanisten Lessing auf die dialektische Secirbank zu bringen!

Es lag an der Z e i t. In der That: Jude und Geldmensch waren unzertrennlich auch in Lessing's Augen. Das letztere Attribut k o n n t e der Dichter nicht von dem ersten seines Helden trennen. Nur in dieser Form k o n n t e man an Nathan g l a u b e n im grossen Publikum. Und ich will mit diesen Auslassungen Nichts bewiesen haben, als dass selbst unser grosser Lessing den « J u d e n » nicht getrennt vom «G e l d e» darzustellen vermochte. Die Idee, einen S p i n o z a zu antizipiren, wäre z u k ü h n für das Drama gewesen; denn dieser wahrhaft grosse j ü d i s c h e N i c h t j u d e war ja von seinen eigenen S t a m m e s g e n o s s e n verflucht — — bis zum M e u c h e l m o r d s a n f a l l e!! — **Baruch Spinoza!** p h i l o s o p h i s c h e r M e s s i a s des 1 7. J a h r h u n d e r t s! «Ans Kreuz geschlagen» aber — von den Juden, wie der Jude Christus an's Kreuz geschlagen wurde von den Römern! **Baruch Spinoza!** ein Modeartikel des Judenthums des 19. Jahrhunderts! Aber wehe dem Germanen, der dem grossen Haufen der Juden zeigen wollte, wer und was der grosse Spinoza war!! O menschliche Jämmerlichkeit! Wie kann ein moderner Dutzendjude für Spinoza zu schwärmen affectiren!

Mit Lessing's «Nathan» und Cumberland's «Jude» beginnt der Gedanke der Judenemanzipation im grossen Publikum sich Bahn zu brechen. Das Theater wurde sein Forum und die letzte theatralische That war in dieser Richtung Mosenthal's Deborah, welche den «Judenschmerz» und den «Judenzorn» gleichmässig zeichnete. Die Judenemanzipation erhielt eine eigene Literatur in Deutschland seit Lessing und seit der Judenemanzipation in Frankreich zur Zeit der ersten Revolution.

Dass die Juden die Revolution von 1789 wie die 1848er Revolution froh begrüssten, dass sie sich eifrig daran betheiligten, wer kann es ihnen verargen? « Juden, Polen und Literaten », hiess das conservative Schlagwort im Jahr 1848. Nun ja, drei unterdrückte Potenzen! Die Glücklichen und Zufriedenen revoltiren nicht in dieser Welt. Dass die Juden bei dem bachantischen Freiheitstaumel in der Presse das lauteste Wort führten ist ebenfalls erklärlich. Endlich ist noch wiederholt zu betonen, dass es die philosophische Selbsttäuschung dahin gebracht hatte, in der Judenfrage eine confessionelle Freiheitsfrage zu erblicken. Das Judenthum stand aber im Jahr 1848 längst auf einer Stufe, wo von confessioneller Beeinträchtigung keine Rede sein konnte. Die jüdische «Confession» war Nichts weiter als die Statuten eines Volkes, das einen Staat im Staate bildete und dieser Nebenstaat, resp. Gegenstaat verlangte für seine Mitglieder ganz bestimmte materielle Vortheile.

Die politische Gleichstellung war es; denn im bürgerlichen Leben hatte factisch das Judenthum schon längst eine dominirende, tonangebende Stellung errungen; so dominirend, dass christliche Staaten jüdische Bankiers baronisirten, trotzdem diese semitischen Barone nicht «Stadtverordnete» u. s. w. werden konnten.

Dass die Judenfrage eine social-politische sei, fiel Niemand ein. Was man sich selbst seit 1800 Jahren vorgelogen hatte, dass es sich um eine Frage der Glaubens- und Gewissensfreiheit handle, das log man sich frischweg weiter vor und so erhielt der **social-politische Einbruch des Judenthums** in die germanische Gesellschaft durch die Judenemanzipation seine gesetzliche Weihe.

Es wurde eine factisch bereits bestehende **Fremdherrschaft** gesetzlich anerkannt. Eine Fremdherrschaft, die es, um ganz prosaisch zu sprechen, soweit gebracht hatte, dass sie die Dictatur des Staatsfinanzsystems, also den Nervus rerum gerendarum, längst an sich gerissen und ihm den semitischen Dispositions- und Manipulationsgeist eingeimpft hatte.

Was das Judenthum längst errungen hatte, die Herrschaft des jüdischen Realismus auf Kosten alles Ideellen, das sollte nicht nur sicher gestellt, das sollte ins Unendliche ausgebreitet werden. Und dazu bedurfte das Judenthum der gleichberechtigten politischen Theilnahme an der Gesetzgebung und Verwaltung desselben Staates, den es **theokratisch negirte**.

Dieser und kein anderer ist nach Abschälung aller farbenschimmernden Phrasen der Kern der Judenemanzipationsfrage gewesen. Bedingungslos trat die jüdische Fremdherrschaft in das staatlich-germanische Element ein.

Ich gebrauchte wiederholt das Wort «Fremdherrschaft.» Aber ist denn ein Volk, welches alljährlich unter Anderm die rituelle alberne Phrase wiederholt: «Auf Wiedersehen im nächsten Jahre in Jerusalem!» etwa kein fremdes Volk? Es affichirt seine fremdländische Firma geradezu, abgesehen von seinen Sitten und beibehaltenen starren Stammeseigenthümlichkeiten, die sich — innerlich und äusserlich — nur in seltensten und ganz vereinzelten Ausnahmsfällen in 1800 Jahren noch nicht mit dem Germanenthum — unterscheidungslos von diesem — assimiliren konnte. Wollen und können denn die Juden ihrer eigenen Macht dergestalt in's Gesicht schlagen, dass sie den angeblichen Versuch machen, sich nicht für ganz scharf ausgeprägte Fremdlinge auszugeben? Gerade darin besteht ja die «Gloire» des Judenthums, dass es 1800 Jahre lang der abendländischen Welt den siegreichsten Widerstand leistete. Alle übrigen Einwanderungen in Deutschland (z. B. die «französischen Kolonien») sind spurlos im Germanenthum aufgegangen. Wenden und Slaven sind im germanischen Element verschwunden. Die semitische Race, stärker und zäher, hat sie Alle überlebt. Wahrlich! wäre ich Jude, mein höchster Stolz würde mit Befriedigung auf diese Thatsache blicken. Kein Triumphator der Alt- und Neuzeit kann sich solcher geistigen, kulturgeschichtlichen Erfolge rühmen, als der letzte Schacherjude, der an der Strassenecke auf dem Karren Band feilbietet. — Ohne Schwertstreich, im Gegentheil, politisch verfolgt durch die Jahrhunderte hindurch, ist das Judenthum heute der socialpolitische Diktator Deutschlands geworden.

4.

Nur Deutschlands? Im Lande der Denker und Philosophen datirt die Judenemanzipation seit 1848. Von jener Zeit datirt zugleich der **dreissigjährige Krieg**, den das Judenthum mit **gleichen Waffen** offen gegen uns führte. Dass wir ihm diese Waffen gaben, konnte, nachdem wir im Laufe der Jahrhunderte von der jüdischen Intelligenz schon mehr als halb besiegt waren, in jener Sturm- und Drangperiode kaum vermieden werden. Bei den **Wahlen** trat das Judenthum **sofort** zu uns in ein **statistisches** Vertragsverhältniss. **Jude** sein ward **beziehungsweise** ein Mandat. Um die **jüdischen Stimmen** zu gewinnen, mussten die Parteien dem Judenthum bei Aufstellung von Candidaten **Concessionen** machen und mehr oder minder ist dies bis auf den heutigen Tag so geblieben.

Bis zum Jahre 1848 war der Jude in Deutschland vorwiegend «demokratisch» gesinnt, oder that doch so. Später zersplitterte sich das Judenthum allerdings in parlamentarische Parteien, wesentlich aber in den «**Nationalliberalismus**», weil hier der Geist der Verjudung, die Nützlichkeits- und Möglichkeitstheorie, die Prinzipienlosigkeit am weitesten vorgeschritten war. Rein erhalten von der Verjudung hat sich bis jetzt nur die **ultramontane** Partei. Die conservative **Regierungspartei** dagegen wimmelt von semitischen Elementen, denn zwei Drittel unserer officiösen Literatur sind durch Juden vertreten. Das gleiche Ziel, die Zersetzung des germanischen Staates zu Gunsten der jüdischen Interessen wird überall consequent verfolgt.

Die Tagespresse ist überragend in Judenhänden, die aus der Journalistik einen Spekulations- und Industrieartikel gemacht haben. Ein Geschäft mit der öffentlichen Meinung; die Theaterkritik, die Kunstkritik überhaupt — zu drei Viertel in Judenhänden! Die politische Zeitungsliteratur, ja die confessionelle — in Judenhänden.

Halten wir hier einen Augenblick inne.

Die Emanzipation einmal errungen, gebot es der natürliche Instinkt, dieselbe zu consolidiren, zu befestigen. Das konnte nur durch die Presse und durch das Vereinswesen geschehen. In beide fluthete das Judenthum daher ganz folgerichtig wie eine Sturmfluth hinein. Es gebärdete sich ungemein geistes- und vorurtheilsfrei. Es trieb es bis zur sarkastischen Selbstironie; aber wenn der hochbegabte E. Dohm im Kladderadatsch die köstlichsten Witze über Israel machte, so war es nicht gerathen, wenn ein Nichtjude ein Gleiches that. Das Wort «Knoblauch» genügt schon, um uns Germanen des Glaubenshasses zu bezichtigen. Nun, mich schützt wenigstens mein Name vor diesem Vorwurf.*)

---

*) Meine «Confessionslosigkeit» hat mir aber wenig geholfen. Denn als ich zu Anfang der Sechziger Jahre in meinem «Judenspiegel» (Hamburg, Otto Meissner), indignirt über die Folgen der Judenemanzipation, leidenschaftlich aber sachlich, den Kampf gegen die Verjudung der Gesellschaft führte, entstand ein Sturm wider mich, als ob das Orchester von Jericho um 1000 Posaunen verstärkt worden wäre. Aus der «Journalistik» wurde ich förmlich hinauszumanövriren versucht und bis auf den heutigen Tag ist mir ein selbstständiges Wort, über was immer für eine Frage, in der verjudeten Tagespresse nicht möglich. Ich ward hingestellt

Von dem Augenblicke der Emanzipation an ward für uns Germanen das Judenthum als ein zu berühren verbotenes Objekt erklärt.

Der jüdische Industrialismus, nachdem er die Journalistik zu einem trivialen, auf die Klatsch- und Scandalsucht des grossen Haufens mit Erfolg spekulirenden Handelsartikel gemacht hatte, fand für seine Verjudungstendenzen das zahlreichste Publikum. Jahrhunderte der factischen Herrschaft des jüdischen Realismus hatten hier vorgearbeitet. Das Judenthum dictirte die öffentliche Meinung in der Presse.

Jetzt aber kommt das *non plus ultra* des Uebermuths des semitischen Siegers!

Der «Kulturkampf» bricht aus. Während wir Germanen seit 1848 in die Press-Acht erklärt und pressvogelfrei geworden waren, wenn wir nur im Geringsten Jüdisches in's Bereich der Kritik zogen, mischt sich das Judenthum nicht nur in unsere confessionelle und Kulturkämpfe mit dem Ultramontanismus, Nein!

---

als ein ganz gemeiner, religiös-fanatischer «Hepp-Hepp-Rufer», trotzdem jede Zeile meines «Judenspiegels» das Gegentheil darthat. Ich hatte eben in das semitische Wespennest gestochen.

Aber — von mir nicht zu reden — wo wäre ein Richard Wagner ohne die Hülfe des Königs von Bayern? Ist jemals ein Künstler mehr von dem Judenthum angefeindet worden als Wagner? Ich rede nicht von den musikalischen Fachmännern, welche seine Gegner waren, wohl aber von der Meute jener Scribenten und Theaterhabitués, die ihm seine Ansichten — mochten sie selbst irrig sein — über das Judenthum nicht verzeihen. Und von denselben Leuten in Israel, die über den «Mangel an Melodie» im «Tannhäuser» und «Lohengrin» geschrien hatten, drängten sich in Bayreuth — ja wohl in Baireuth! — als Wagner trotz alledem sich Bahn gebrochen hatte, modehuldigend eine Menge an ihn heran, um — — auch dort die erste Violine zu spielen, wie es «Brauch ist in Israel.» — Auch hier gab es zwei oder drei Ausnahmen von Juden, welche von Anfang an ein Empfinden für des Meisters Wirken gezeigt hatten, aber die Ausnahme macht ja die Regel!

es führte in der Presse fast **ausschliesslich das grosse Wort**. In seinen Witzblättern, die ängstlich nach Allem spähten, was es als «**Judenhatze**» niederspotten konnte, goss das Judenthum ganze Sturzbäder über den **Ultramontanismus** aus. — Nun ja! Dieser war ja der **Concurrent** des Judenthums in dem Ringen nach der **Weltherrschaft**! Von **Zartgefühl** kann man doch hier wohl nicht reden beim Judenthum, das von uns verlangt, wir sollten es wie dünnes Glas behandeln, oder wie eine *Mimosa pudica*.

Ja, es gab grosse Zeitungen, in welchen wir **Germanen** in der Kulturkampffrage gar nicht zum Worte gelassen wurden, weil — — **weil wir, um den römischen Fanatismus zu kritisiren, diesen als einen Ausfluss des alttestamentarischen jehovahnischen Fanatismus bezeichneten**. In **Büchern (à la Johannes Scherr)** konnte das Judenthum eine solche kulturgeschichtliche Deduktion und Analyse nicht hindern; in seinen Zeitungen **unterdrückte** es selbst die dem Ultramontanismus **feindlichen** Darlegungen, sobald Israel nur dabei leise gestreift wurde!! —

Versuche es Einer und glossire die jüdischen Ritualien und Satzungen. Er wird sehen, dass kein **Papst** unfehlbarer und unantastbarer ist als diese. **Das** ist «Glaubenshass», aber wenn der **Jude das grosse und schliessliche Wort in unsern kirchlich-staatlichen Angelegenheiten führt**, das ist ganz etwas Anderes!

«*Vae Victis!*» ruft uns das Judenthum innerhalb unserer kirchlich-staatlichen Differenzen bereits zu.

Ich und mehrere meiner Freunde haben es beim Beginn des Kulturkampfes **versucht**, uns an demselben von einem **höhern, kulturgeschichtlichen Standpunkte** aus zu betheiligen. Umsonst. Wir durften nur reden, wenn wir ohne **Prämisse** redeten, wenn wir *ex abrupto* gegen «Kleri-

kale» schimpfen wollten. Nicht einmal unter der Rubrik
«Eingesandt» gab uns die jüdische Presse Hospitalität,
wo sie uns doch hätte bekämpfen lassen können. Und so
hat das Judenthum die freie Meinungsäusserung in der
Tagespresse — monopolisirt. Es ist sehr wohlfeil, unsere eigene Impotenz
mit einem phrasenreichen Judenhass zu bemänteln. Wir
Deutsche haben mit dem Jahre 1848 unsere officielle
Abdankung zu Gunsten des Judenthums vollzogen. Fragt
Euch selbst: in allen Branchen des Lebens geht
der Weg zum Ziel durch die jüdische Vermittelung.
Es ist überhaupt kein «Kampf um's Dasein» mehr möglich,
ohne dass das Judenthum seine Provision davon zieht.
Frage sich jeder einzelne meiner Leser, ob ich übertreibe?

Das ist das Resultat des dreissigjährigen Krieges, den
das Judenthum seit 1848 officiell mit uns geführt hat,
und der nicht einmal mehr die Hoffnung auf einen faulen
«westphälischen Frieden» übrig lässt.

5.

Es gibt keinen Stillstand. Vorwärts oder rückwärts! Sind nun schon Anzeichen vorhanden, dass die jüdische «Götterdämmerung» hereinbricht? Nein.

Die sociale und politische Herrschaft des Judenthums, sowie die religiöse und kirchliche Meinungsbevormundung, die es ausübt, ist noch in der Vollkraft ihrer lebensfrischen Entwickelung zur Erfüllung der jehovahnischen Verheissung («Alle Völker will ich dir geben etc.») begriffen.

Eine plötzliche Umkehr ist schon aus dem Grunde nicht möglich, weil der ganze sociale Bau, wie er sich durch die Verjudung gestaltet hat, zusammenbrechen würde und kein Ideal vorhanden ist, das an seine Stelle treten könnte, um Fleisch zu werden.

Wir können auch nicht auf die Hülfe des «christlichen» Staates rechnen. Denn die Juden sind die «besten Bürger» dieses modernen, christlichen Staates, der vollständig ihren Interessen entspricht. Sie sind — ohne jegliche Ironie — die besten und wahrsten «Reichsfreunde» in Deutschland, denn dieses Reich ist ganz dazu angethan, sie zu den höchsten und allerhöchsten Würden im Staate zu bringen.

Wenn ich eine Bitte an meine Leser richten darf, so ist es die, dass sie diese meine Schrift aufbewahren und testamentarisch die Verfügung treffen mögen, mein Büchlein von Kind auf Kindeskind forterben zu lassen.

Denn es ist keine ostentiöse Prophezeihung, sondern tiefinnerste Ueberzeugung, welche ich ausspreche, dass nicht vier Generationen mehr vergehen und es wird **absolut kein Staatsamt, selbst das höchste nicht ausgeschlossen,** mehr existiren, das nicht von den Juden usurpirt wäre.

Ja, durch das **Judenthum** wird Deutschland zur Weltmacht werden, zu einem abendländischen Neu-Palästina.

Nicht durch gewaltsame Revolutionen, sondern durch die Stimme des Volks selber, sobald die deutsche Gesellschaft den höchsten Grad ihres socialen Bankerotts erreicht haben wird, den höchsten Grad der **Rathlosigkeit,** dem wir entgegentreiben.

Kein Vorwurf desshalb dem Judenthum.

Es hat 1800 Jahre lang mit der abendländischen Welt **gekämpft.** Es hat diese Welt **besiegt,** sich unterthan gemacht. **Wir** sind die Besiegten und es ist ganz in der Ordnung, dass der Sieger «*Vae Victis!*» ruft.

Unser germanisches Element hat sich der Fremdherrschaft gegenüber als leistungsunfähig, als kulturgeschichtlich machtlos **erwiesen.** Dies ist eine **Thatsache,** eine **rauhe, unerbittliche** Thatsache. **Staat, Kirche, Katholizismus, Protestantismus, Credo und Dogma** müssen sich dem jüdischen Areopag **beugen** in der Tagespresse.

Aber das ist noch lange nicht Alles.

Nachdem das Germanenthum, bis dahin Nachzügler in der Judenfrage, an die Spitze derselben getreten, war kein Halt mehr.

Gambetta*), Simon und **Crémieux** waren die Diktatoren **Frankreichs** im Jahr 1870/1871 während des Krieges und jagten Tausende und aber Tausende von Fran-

---

*) Heute Präsident der Nationalversammlung!

zosen in einen nutzlosen Tod. Alle Welt glaubte nach Sedan an den Frieden. Nichts da! mit den Phrasen eines Jules Favre wäre Bismarck schon fertig geworden, mit dem frivolen, nichtswürdigen Fanatismus der That der Herren Semiten in Tours musste «Blut und Eisen» weiter arbeiten.

Armes, verjudetes Frankreich! — —

In England hält der Semit d'Israeli, ein Deutschen-Hasser comme il faut, Krieg und Frieden in der orientalischen Frage in der «Westentasche.»

Wer hat den realen Nutzen von dem vergossenen Blut im Orient auf dem Berliner Congress errungen? Das Judenthum. Die «Association israélite» war die Erste am Platze. Rumänien ward gezwungen, dem zersetzenden Semitismus Thür und Thor officiell zu öffnen. An Russland wagte das Judenthum noch nicht dieselbe Forderung zu stellen. Wird aber auch schon kommen.

Und wer hat in Deutschland nach dem Kriege mit Frankreich die roh-materiellen Vortheile davon getragen? Das Judenthum, repräsentirt durch eine Handvoll jüdischer Bankiers; das semitische Maklerthum. Wir Germanen haben das abstract ideelle Resultat — «reichsfreundlich» zu sein, uns mit dem «Reich der Träume» zu begnügen.

Wer war in numerisch erdrückender Weise an der Spitze des entsetzlichen, die Gesellschaft corrumpirenden Gründerthums nach dem Kriege? Das Judenthum.

Halt! lieber Leser, knirsche nicht vor Zorn. Du hast kein Recht dazu. Die Fremdherrschaft ist uns aufgedrungen. 1800 Jahre hat der Kampf gegen die jüdische Herrschaft, die ihren biblischen Traditionen factisch nie untreu geworden ist, gedauert. Unsägliche äussere Leiden hat das semitische Volk ertragen. Du hast es roh gemisshandelt, selten aber geistig bekämpft. Aus schwachen Anfängen ist es dir über den Kopf gewachsen, hat die ganze Gesellschaft in ihren Anschauungen corrumpirt, hat jeden Idealismus aus der Gesellschaft hinausgedrängt, hat in Handel und Wandel die massgebendste Stellung, dringt immer mehr in die Staatsämter ein, regiert die Theater, bildet eine socialpolitische Phalanx und hat dir fast Nichts mehr übrig gelassen als die rauhe Handarbeit, die es von jeher gescheut hat; hat das Talent zum prasselnden Virtuosenthum, hat die Kupplerin Reclame zur Göttin der öffentlichen Meinung gemacht und — beherrscht Dich heute.

Oder soll das Judenthum seinen Sieg und Triumph etwa nicht ausnutzen?

Das deutsche Volk konnte — da es von Oben her die Erlaubniss dazu erhielt, die französische Fremdherrschaft 1813—1814 abschütteln. Warum hat es diese französische Fremdherrschaft nicht verstanden, die Interessen Oben in sich aufzunehmen, wie es die jüdische Fremdherrschaft zu thun verstand?

Freilich, hochherzige Einzelne, ein Schill, ein Dörnberg, ein Stein, wurden von germanischen Monarchen geächtet, wie man vielleicht auch uns ächten wird, die wir die Verjudung nur constatiren.

Bringen wir etwa Opfer? Ist es uns gelungen auch nur ein einziges antijüdisches Tendenzorgan in der Presse zu schaffen, welches politisch parteilos sein kann? — Sind nicht selbst unsere «Hausfrauenvereine» und ähnliche Associationen unter jüdischen Patronessen, die das Angenehme mit dem Nützlichen verbinden und ihr Geschäftchen dabei machen? Fluthet das Judenthum nicht in alle Poren unseres Lebens herein? —

Ihr knirscht auf der germanischen Bärenhaut, ich neige mich in staunender Bewunderung vor diesem semitischen Volke, das uns den Fuss auf den Nacken gesetzt hat, und raffe den letzten Rest von **Lebenskraft** zusammen, um resignirt in der jüdischen Knechtschaft, als Einer, der sich nicht ergeben, der nicht um «Pardon» bitten will, möglichst ruhig zu **sterben**.

Können wir historische Thatsachen läugnen? Nein! Die historische Thatsache, dass Israel die **leitende socialpolitische Grossmacht** im 19. Jahrhundert geworden ist, liegt vor uns. Uns zu **entjuden**, dazu fehlt uns notorisch bereits die **physische** und **intellectuelle Kraft**. Der rohe, brutale, aber **vollständig unbewusste** Protest gegen die realistische Verjudung der Gesellschaft war die **Socialdemokratie**, welche — — es mit den Juden hielt, denn das Judenthum hatte sich auch in diese Reihen eingedrängt. Wie denn ja auch der Stifter der deutschen Socialdemokratie, **Lassalle**, ein **Semit** war.

Was wundern wir uns also? Wir haben einen elastischen, zähen, intelligenten, fremden Volksstamm unter uns, der in **allen Formen den abstracten Realismus** zur Geltung zu bringen weiss. Nicht die einzelnen Juden, der **jüdische Geist**, das **jüdische Bewusstsein** hat sich der Welt bemächtigt. Nicht von einer «**Judenhatze**» kann mehr die Rede sein, wo die **Germanenhatze** heult, so bald nur ein **nichtjüdisches** Element sich hervorwagt.

Das Alles sind **kulturgeschichtliche Resultate**, so **einzig in ihrer Art**, so **grossartig**, dass man mit einer banalen Alltagspolemik dagegen Nichts mehr ausrichten kann. Das stolze Römerreich hat mit der ganzen Gewalt seiner Waffen solche Triumphe nicht zu registriren, wie der typische Semitismus im Abendlande und besonders in **Deutschland**.

Von allen europäischen Staaten ist jetzt nur noch Russland übrig, welches der **officiellen** fremdherrschaftlichen Invasion Widerstand leistet. Die letzte Parallele gegen dies letzte Bollwerk hat das Judenthum in Rumänien gezogen, und wie die Dinge stehn und liegen ist die Kapitulation Russlands nur noch eine Zeitfrage. In diesem vielgliedrigen Grossstaat findet das Judenthum den «archimedischen Punkt», den es braucht, um die abendländische **Welt vollständig** aus ihren Angeln zu heben.

Die jüdische, elastische Leichtlebigkeit wird Russland in eine **Revolution** stürzen, wie die Welt vielleicht noch keine ähnliche gesehen hat. Der **sociale Nihilismus**, der abstracte Individualismus wird in einer Weise praktisch heraufbeschworen werden, dass ihr das erst halbcivilisirte Czarenreich nicht widerstehen kann. Die unentwickelte, theils noch in den Windeln liegende, oder aber bereits jüdisch **corrumpirte** russische **Administration** bietet ihm die trefflichste Handhabe. Man blicke nur auf das vielgliederige Oesterreich, wie tief und unrettbar verloren es heute in jüdischen Händen ist!! — —

Wie, und wo das musterhaft administrirte, stramme Preussen, mit seinen **graden** und **einfachen Hohenzollern**, mit seiner disciplinirten Bevölkerung, ein bereits durchbrochener Damm für das Judenthum ist, sollen die zum Theil noch primitiven Volkselemente in Russland widerstandsfähiger sein können als wir Germanen es waren und sind?

Erleben wir nicht schon heute, dass unter dem milden und humanen Czaren Alexander, dem **Aufheber der Leibeigenschaft** — der politische Nihilismus florirt?!

Und Russland könnte Widerstand leisten gegen den **gesellschaftlichen Nihilismus**, den das Judenthum in die Anschauungen des Abendlandes gebracht hat? —

Unmöglich!

In Russland hat das Judenthum die letzte Position erobert, von wo aus es fürchten muss, möglicherweise noch einmal im Rücken angegriffen zu werden. Hat es Russland lahm gelegt, hat es den Rücken vollständig frei, hat es in Russland Aemter und Stellungen invahirt wie bei uns, dann wird der Zusammenbruch der abendländischen Gesellschaft jüdisch-officiell beginnen und dieses «letzte Stündlein» des verurtheilten Europa wird in spätestens 100—150 Jahren schlagen, denn die Entwickelung geht heute rascher vorwärts als in frühern Jahrhunderten.

Was Russland vom Judenthum zu erwarten hat, ist klar. Mit Ausnahme von zwei oder drei jüdischen Zeitungen, welche eine platonische Neutralität beobachteten, hat die ganze jüdische Tagespresse im russisch-türkischen Kriege berserkerwüthig Partei zu Gunsten des Asiathenthums gegen Russland ergriffen. Weder das religiöse Moment dieses Krieges — so sekundär er immerhin gewesen sein mag — noch — und das ist die Hauptsache! — der kulturgeschichtliche Gedanke, der höher steht als alle Diplomatie, der Gedanke an die Jahrhunderte, ja, Jahrtausende langen Kämpfe gegen das Asiatenthum — nicht einmal die hellenischen Traditionen konnten der jüdischen Presse einen höhern Standpunkt diktiren.

Zuverlässig! sie hätte Partei genommen für Russland, wenn an der Newa ein Lasker und Bamberger politisch die ersten Geigenvirtuosenkonzerte gegeben hätten, oder wenn das Judenthum eine noch wichtigere Finanzrolle in Russland spielte als in der Türkei. Aus allen anti-russischen Zeitungsartikeln aber klang jetzt der jüdische Schrei nach Selbstinteressen heraus.

A la guerre comme à la guerre! Es war das Recht der Juden, denn sie sind ja Fremdlinge, die gezwungen wurden, mit uns seit 1800 Jahren Krieg zu führen, und auch hier constatire ich wieder nur eine Thatsache — sine ira et studio. — Das «Wo bleibe ich?» klang und klingt aus jeder Parteinahme der Juden heraus; sie sind mehr «toujours en vedette», als die ganze abendländische Welt.

Und wie es uns in der «Kulturkampffrage» erging, so erging es uns in der orientalischen Frage. Eine vom Judenthum abweichende Meinung fand keine Hospitalität in der Tagespresse, die ja fast durchgehends jüdisch-industriell geworden ist. Ernst und Satyre nahmen in der deutschen Presse blindwüthig Partei für die verrottete, finanziell in Judenklauen befindliche Türkei. Die Agiotage dictirte die Meinung.

Dazu kam noch, dass Russland geistig völlig unvorbereitet, d. h. ohne auch nur den Schatten einer öffentlichen Meinung für sich gesucht zu haben, in den Krieg taumelte und der Ansicht Vorschub leistete, dass nicht seine Mission im Orient, sondern nur ephemerer Eroberungskitzel es treibe. Der Gedanke, dass implicite der Uebermuth der grossen Seespinne England gebrochen werden sollte, durch welchen ausgesprochenen Gedanken sich Russland zahlreiche Freunde erworben haben würde, blieb unausgesprochen, und so ward — England der Alliirte des Judenthums.

Es ist stets das Unglück der Slaven gewesen, dass sie den germanischen Geist ignorirten und ihn nur nach jüdischen Zeitungen beurtheilten. Mein Gott, der germanische Geist ist in der «deutschen» Presse ja selber nahe daran, ein Fremdling zu werden. Es werden keine zehn Jahre vergehen und es existirt in ganz Deutschland kein unbeschnittener Journalist mehr! Höchstens Lohnschreiber im Sinne der jüdischen Zeitungsindustriellen.

Auch das ist ganz in der Ordnung, denn «à la guerre comme à la guerre», und die Kriegsgefangenen müssen «schanzen».

Es steht mir nicht zu und ist auch hier kaum am Platz, die innere Politik des Fürsten Bismarck in

Deutschland seit 1866 einer Kritik zu unterziehen. Es genüge, zu constatiren, dass seit jener Zeit Se. Durchlaucht vom Judenthum wie ein Constantin verehrt wird und dass die nationalliberale jüdische «Opposition» ganz transparent nur nach der Macht drängt, die ihr der Fürst schon jetzt einräumen soll. Als lächerlich kann ich diese jüdischen Hoffnungen leider nicht bezeichnen; denn die Prämissen unseres inneren Staatslebens sind nach dem Kriege mit Oesterreich und noch mehr nach dem Kriege mit Frankreich derart gewesen, dass man die kühnsten jüdischen Hoffnungen nicht lächerlich finden kann. Wie! Frankreich hat in den letzten 7 Jahren einen jüdischen Diktator und ein jüdisches Triumvirat, — England hat einen jüdischen Premier zu verzeichnen, und Deutschland, das sociale Eldorado des Judenthums, sollte es nicht auch fertig bringen, mit dem Strome der modernen Kultur zu schwimmen? — Lächerlich wäre es vielmehr, wenn das Judenthum seine Hoffnungen auch nur um einen halben Ton herabstimmte.

Steht es mir als Deutschem und Mitbesiegtem nicht an, die innere Staatskunst des Fürsten Bismarck einer Kritik zu unterziehen, so würde ich, wenn ich Jude wäre, sagen: «Der Fürst hat seine Zeit begriffen, wie kein Staatsmann vor ihm. Er hat den kulturgeschichtlich klaren Blick, dass das Germanenthum bankerott in den letzten Zügen liegt und sieht sich nach lebenskräftigeren Elementen um.»

Was können ihm auch Männer nützen wie wir, die wir keine «Reichsfreunde» mehr sein können, weil wir kein deutsches Reich haben und vom Fürsten Nichts erbitten, als den geduldeten Raum für eine kleine stille Gemeinde, die — noch nicht alle Ideale verloren hat. — —

6.

Der 1800jährige Krieg mit dem Judenthum naht sich seinem Ende.

Bekennen wir es offen und ohne Rückhalt: das Germanenthum hat sein S e d a n erlebt. Wir haben unsere A r m e e n verloren und dürfen nicht g a m b e t t a s i r e n, dürfen nicht einen zu Nichts führenden Krieg mit Freischaaren mehr führen.

Wir sind besiegt im offenen Kampfe.

Ja wohl, im offenen Kampfe; denn das Judenthum hat sich stets handgreiflich gezeigt, wie es ist, und seine kleinen Kriegslisten, dass es uns den G l a u b e n s f a n a t i s m u s anlog, wenn wir uns wehrten, sollen ihm verziehen sein.

Wir sind diesem fremden Volksstamme nicht mehr gewachsen.

Geht und schwatzt mir nicht vom Gegentheil! Mit brutalem «Hepp, Hepp» des Pöbels, mit Scheiterhaufen etc. ist Nichts gethan. An der innern Selbstbefreiung vom jüdischen starren Realismus haben wir nie gearbeitet. Geistig haben wir Nichts leisten können, weil wir zu t r ü g e und zu g e i z i g waren, mit dem jüdischen Spekulationsgeist in der Presse in die Schranken zu treten. S c h e l t e t also nicht über eine «S c a n d a l p r e s s e», die Ihr kauft, lest und mit Eurem G e l d e u n t e r s t ü t z t. Macht Euch nicht vor Euch selber vor Eurem Spiegel verächtlich, wenn Ihr Euer Bild im Spiegel seht. Hört als B e s i e g t e auf, «g r o s s - m ä u l i g» zu sein. Dem J u d e n t h u m gehört die Zukunft und das Leben, dem Germanenthum die Vergangenheit und das Sterben. So will es die kulturgeschichtliche Entwickelung unseres deutschen Volkes. Gegen dieses eiserne Weltgesetz hilft Nichts mehr.

Es war von Anfang an kein religiöser, es war ein Kampf um's Dasein, der mit der Fremdherrschaft des Judenthums geführt wurde, dessen Charakter aber erst jetzt zum klaren Bewusstsein gekommen ist.

Zu spät. Wir sind so tief in die Verjudung hineingerathen, dass wir die Existenz der ganzen modernen Gesellschaft in Frage stellen müssten, wollten wir uns kräftig wieder herausarbeiten.

Wir haben auch keine Hülfe, die uns beisteht, um diese Germanenemanzipation mit Ruhe und Besonnenheit zu vollziehen; weder bei Fürsten, noch bei Staatsmännern, noch im Volke selbst. Der kulturgeschichtliche Bankerott des Abendlandes und besonders des Germanenthums scheint sich erbarmungslos zu vollziehen. Nennt es «Pessimismus», der aus mir spricht. Es ist Blatt für Blatt die ganzen Kulturgeschichte, auf die ich mich stütze, die uns mit dämonischer Logik in die Verjudung hineingeführt hat.

Aber ich wiederhole und glaube es in dieser Zeit, wo das Verdächtigen gegen anders Denkende so leicht ist, nicht oft genug wiederholen zu können: mich beseelt nicht der entfernteste «Judenhass» und eben so wenig ein confessioneller Hass gegen die Juden. Nicht einmal ein «Nationalhass» oder «Racenhass». Kein Volk kann für seine Spezialitäten. Die welt- und kulturgeschichtlichen Ereignisse haben das Judenthum in das Abendland hereingeschleudert. Dasselbe fand ein ihm fremdartiges Element vor und war selbst diesem Element fremdartig. Die Reibung zwischen den beiden Volkselementen begann, und in dieser

Reibung hat sich das Judenthum fester als das Abendland und speciell das Germanenthum gezeigt.

Es wäre eine verdienstvolle Arbeit für einen deutschen Gelehrten, welcher die Zeit dazu hat, diese meine flüchtige, aber präcise Skizze zu einem wissenschaftlichen Werke auszudehnen und Phase für Phase die Fortschritte nachzuweisen, welche das Judenthum social-politisch in Deutschland durchgemacht hat. Eine Arbeit, würdig von unserm grössten Kulturhistoriker Johannes Scherr unternommen zu werden.

Nun! — Auch ich habe einst heftig gegen das Judenthum polemisirt, aber ich bekenne meinen Irrthum. Meine Polemik war ein Anachronismus; sie kam um viele Jahrhunderte zu spät.*) — Ich hege nicht die geringste Feindschaft gegen «die Juden», wenn sie mir persönlich Nichts zu leide thun, und auch dann natürlich nur gegen persönliche Feinde. Dass ich, wie unzählige andere Schriftsteller und andere Menschen, unter der Verjudung meines Berufes zu leiden habe, liegt in der Natur der Sache. Es ist wie im Kriege. Wie kann ich den Soldaten persönlich hassen, dessen Kugel mich trifft? — Reicht man ihm nicht, verwundet, noch die Hand als Besiegter oder Kriegsgefangener? Und sollten wir barbarischer sein, als der Soldat im Kriege?

Es ist in meinen Augen ein ehrlicher Krieg, der seit 1800 Jahren geführt wird. Hüben und drüben haben wir es uns nur selbst nicht eingestehen wollen, weil wir hüben und drüben — Doktrinäre waren und den Kampf in seiner kulturgeschichtlichen Ganzheit nie begriffen.

Der Jude — ich spreche hier generell — hat unter seines Gleichen ganz vortreffliche Eigenschaften. Manche

---

*) Der Judenspiegel. Hamburg. O. Meissner. 5. Auflage, 1863.

— sein Familienleben — inniger als man es bei andern Völkern antrifft. Er kann gut und liebenswürdig gegen uns sein — äusserlich. Dass in seiner innern Natur das Bewusstsein des «Volkes par excellence» lebt, dass er uns hasst, oder in uns nur Ausbeutungsmenschen sieht, liegt in seiner Stammesnatur und in seiner Geschichte des Alterthums. Dass er nach dem Empfang, der ihm im Abendlande zu Theil wurde, sich nicht für uns begeistert, ist natürlich. Er wollte oder konnte nicht in uns aufgehen; er musste also mit uns kämpfen; er musste nach seinem entscheidenden ersten grossen Siege von 1848 diesen Sieg weiter verfolgen und — er mag wollen oder nicht — er muss heute danach streben, die germanische, resp. abendländische Welt zu Grunde zu richten. Diese, die zersetzende Mission des Judenthums (die es im Alterthum bereits gehabt), findet erst dann einen Gegenstoss, wenn sie ihre höchste Spitze erreicht hat, d. h. wenn der jüdische Cäsarismus installirt sein wird.

Von woher dieser Gegenstoss kommen wird?

Sicher nicht vom Germanenthum, denn das liegt in der Agonie.

Vielleicht — aber nur sehr vielleicht! — treten die slavischen Völker dann in den Vordergrund der Bühne der grossen «Tragikomödie» Weltgeschichte.

7.

Leichter ist es, das Bild zu zeichnen, welches unsere jetzige Generation höchstwahrscheinlich noch zu erblicken haben wird. Denn täuschen nicht alle Anzeichen, so steht dem Judenthum, bevor es zur autokraten Herrschaft gelangt, noch ein letzter, verzweifelter Anprall der — namentlich germanischen — Welt bevor. Die «Judenfrage» ist eine social-politische Frage. Die Verjudung der germanischen Welt hat Begriffe und Theorien von individueller socialer «Freiheit» geschaffen, die nicht mehr Freiheit, sondern nur noch Frechheit genannt werden kann, und deren praktische Consequenzen selbst dem verjudeten Germanismus zu unerträglich geworden sind. Die Agitation gegen den Geldwucher ist der erste volksthümliche Ausdruck des bevorstehenden Anpralles.

In einen Abgrund von Demoralisation blickt man, wenn man in den Zeitungen die täglich wachsenden Geldofferten liest, die Aufforderungen an Leute mit einem kleinen Kapital sich an «Lombardgeschäften» zu betheiligen unter Garantie von 20—30 % per Monat. Theils sind diese «Geldnegocianten» heimliche Agenten von grösseren Kapitalisten, theils locken sie kleine Kapitalisten in die Versuchung, durch Blutsaugerei der Armuth und der Noth als «Privatiers» angenehm leben zu können. Das ist schlimmer als eine «Spitzederei», denn diese beutete nur die Dummheit aus, der Wucher, der dazu noch Andere satanisch zum Mitwucher verführt, beutet die Noth und das Elend aus.

In unsern Parlamenten, wo die Wucherfrage jetzt auf der Tagesordnung als «brennende Frage» paradirt, wird, wie üblich, — geschwatzt. Die Dogmen von «individueller Freiheit», rectius Freiheit und Frechheit des zügellosesten Erwerbswahnsinnes, sind so feststehende sociale Glaubenssätze geworden, dass unsere Herren Volksvertreter — ein Jammerbild! — sich abmühen, den «Pelz zu waschen, ohne ihn nass zu machen». Man könnte ja gezwungen sein müssen, den zügellosen Manipulationen der Grossindustrie und des Grosskapitalismus ebenfalls zu Leibe zu gehen, und desshalb bleibt die Wucherfrage praktisch resultatlos, verlässt sie die Schranken einer nur theoretischen Entscheidung nicht.

Der Doktrinarismus unserer verjudeten Gesellschaft hilft die Klippe der Wucherfrage zu umschiffen und das arme Volk aller Stände bleibt ein Opfer der Wucherer und der von ihnen corrumpirten germanischen Helfer, die mit Judenhilfe gar zu gerne 20—30% per Monat an der Noth und dem Elend der Armen verdienen! — (Wenn man uns, Angesichts solcher staatlichen Tolerirung, nur wenigstens nicht mit der Zumuthung incommodirte, vor dem „christlich"(!)-germanischen Staate Respect zu haben! — —).

«Es ginge wohl, aber es geht nicht!» Das wird das Ende der parlamentarischen Litaneien über die Wucherfrage sein. —

Inzwischen frisst das soziale Krebsgeschwür des Wuchers immer weiter um sich. — Die innere Gefühlserbitterung «gegen die Juden» steigt von Stunde zu Stunde (genau wie im Mittelalter unter ähnlichen aber weniger grossartigen Verhältnissen), und eine Explosion ist unausbleiblich.

Dazu kommt noch, dass Fürst Bismarck durch seine Zoll- und Steuerprojecte sich den weitaus grössten Theil seiner getreuen Juden entfremdet, denn die **goldene Internationale** kennt eben so wenig ein Vaterland, wie die schwarze und rothe. Die «7 magern Jahre», welche das deutsche Reich für uns **Germanen** seit 1871 gehabt hat, drohen jetzt auch dem Judenthum, und Se. Durchlaucht wird bald erfahren, wie rasch in Geldsachen die Gemüthlichkeit seiner semitischen Schützlinge aufhört.

Der germanische Staat zersetzt sich also in rapidester Weise weiter, und bricht die von uns vorhergesehene Explosion aus, dann hat der Staat keine Ursache, die Juden vor dem «*ardor civium*» besonders zu schützen. **Wie schon unzählige Male in der Geschichte wird das brutale «Hepp-Hepp» zu einem «Sicherheitsventil» für den Staat werden.** — Und die Zeit ist vielleicht nicht fern, wo **wir**, die «Judenfresser» par excellence, die semitischen Fremdlinge, die uns besiegt haben, vor Gewaltthätigkeiten der empörten Volksleidenschaften zu schützen suchen müssen.

Eine solche Katastrophe steht bevor, denn der **Ingrimm** gegen die **Verjudung** der Gesellschaft ist um so intensiver, als er in der **Presse** sich nicht Luft machen kann, ohne dass er den obstrusesten **Glaubenshass**, wie er in ultramontanen und überhaupt reactionären Blättern zu Tage tritt, zeigt.

Wir sind **so mundtodt** gemacht, dass wir in der **Presse** nicht einmal an das **menschlich-ethische Gefühl** der Juden appelliren können. Ueber Rom dürfen wir schimpfen und **Witze** reissen. Ueber den Protestantismus dito. Gegen die Regierung ebenfalls. Zu dem Allen finden wir Hospitalität in der verjudeten Presse. Die Sache der Humanität gegen den **abstracten Individualismus** — dürfen wir nicht führen.

Die bärenhäutige **germanische** Indolenz, der **germanische** Geiz, der germanische, bequeme, teutonische

Phrasenhochmuth ist Schuld daran, dass es so weit gekommen ist, dass das flinke, kluge Israel zu entscheiden hat, was man reden soll und was nicht.

Ich bitte Euch, scheltet mir die Juden nicht! Ihr wählt die Fremdherrschaften in Eure Parlamente, Ihr macht sie zu Gesetzgebern und Richtern, Ihr macht sie zu Diktatoren der Staatsfinanzsysteme, Ihr habt ihnen die Presse überantwortet, weil Ihr mehr Geschmack an der blendenden Frivolität findet als am sittlichen Ernst, — was wollt Ihr denn eigentlich? Das jüdische Volk wuchert mit seinen **Talenten** und Ihr seid geschlagen, wie das ganz in der Ordnung ist und wie Ihr es tausendfach verdient habt.

Redet auch nicht davon, dass «**die Juden die Preise verderben**» im Geschäft. Sie bemächtigen sich der grossindustriellen, schwindelhaften **Ueberproduktion**, verkaufen «zu Schleuderpreisen», machen sich Geld und «wuchern» mit dem Gelde. Ist denn das nicht auch «ganz in der Ordnung» und den Dogmen des «**abstracten Individualismus**», die Ihr begeistert vom **Judenthum** angenommen habt, entsprechend? —

Wir sind so festgefahren in der Verjudung, dass uns nichts mehr retten kann und dass eine brutale antijüdische Explosion den Zusammenfall der verjudeten Gesellschaft nur verzögert, nicht aber hindert. Die grosse **Mission** des Semitismus haltet Ihr nicht mehr auf. Der **jüdische Cäsarismus** ist nur, — ich wiederhole es aus innerster Ueberzeugung, — eine Zeitfrage und erst nachdem dieser Cäsarismus seinen Höhepunkt erreicht hat, hilft uns vielleicht — — ein „**unbekannter Gott**", dem im kaiserlichen Römerreich, halb ironisch halb vorahnend, auch Altäre errichtet wurden. —

Schlusswort.

Ich bin mit meiner kulturgeschichtlichen Skizze zu Ende. Billigdenkende werden mir den Ausdruck des Schmerzes, den ich bei der Verjudung meines Vaterlandes empfinden muss, verzeihen und mir zugleich das Zeugniss geben, dass ich, wahr und gerecht, nur Thatsachen constatirt und dem deutschen Volk absolut nicht auf Kosten des jüdischen geschmeichelt habe.

Habe ich «die Juden» verletzt, indem ich auch ihnen zeigte, wohin die Logik der Verjudung uns geführt hat und noch führen wird, so konnte ich es nicht ändern. Der Sieger kann nicht verlangen, dass der Besiegte ihn noch byzantinisch anweihräuchert.

Es ist ja einzig und allein ein kulturgeschichtlicher Prozess, wie er sich in der «Friction» zweier verschiedener Volksstämme vollzogen hat, den ich skizzirt habe, und ich sollte denken, diesmal dürfte die jüdische Presse, — ausnahmsweise, — ohne sich Etwas zu vergeben, eine Schrift, welche nicht in ihrem Sinne ist, anständig behandeln.

Ich weiss es, meine Freunde und ich sind in der **Journalistik wehrlos** gegen das Judenthum. Uns steht weder ein fürstlicher noch ein bürgerlicher Mäcen stützend zur Seite, und unser deutsches Volk ist schon zu verjudet, um sich für seine Selbsterhaltung zu erwärmen.

Es musste also endlich einmal die Thatsache sans phrase eingestanden werden, dass wir die Besiegten, die Unterjochten sind.

Ich habe dieses Eingeständniss gemacht, um die Judenfrage endlich einmal aus dem Nebel der Abstractionen und Parteieinseitigkeiten herauszubringen. Ja, ich bin überzeugt, ich habe ausgesprochen, was M i l l i o n e n J u d e n im Stillen denken:

D e m S e m i t i s m u s g e h ö r t d i e W e l t h e r r s c h a f t!

Sprecht es also ebenfalls offen aus, Ihr Juden. Seid offen und wahr in Euren Gedanken. Ihr habt ja die Macht dazu, es sein zu können! Und wir beklagen nicht uns mehr. Nur keine H e u c h e l e i mehr zwischen uns.

Ein weltgeschichtliches « F a t u m » — so möchte ich es nennen — hat uns gleich Gladiatoren der Kulturgeschichte in eine Arena gebracht. Der Völkerkampf musste gekämpft werden ohne Hass gegen die Einzelnen, die zum Angriff wie zur Vertheidigung gezwungen wurden. Zäher und ausdauernder als wir, waret Ihr die Sieger in diesem Völkerkrieg, den Ihr ohne Schwertstreich geführt habt, während wir Euch massacrirten und verbrannten, aber nicht die sittliche Kraft besassen, Euch auf Euch selbst und den Verkehr unter Euch anzuweisen.

In unserer mittelalterlichen Brutalität glaubten wir Euch « schieben » zu können und — w u r d e n « geschoben ».

Vielleicht sind Eure realistischen Welt- und Lebensanschauungen die richtigen. Vielleicht w i l l es das « Fatum », dass wir Eure Heloten werden. Wir sind auf bestem Wege dazu. Vielleicht ist der Geist, den Ihr in die abendländische Welt gebracht und dem sich Hoch und Niedrig sozialpolitisch schon heute beugt, der einzig wahre, welcher Deutschland die Hegemonie dauernd sichert.

Das kann der einzelne Germane weder mit Ja, noch mit Nein heute beantworten. Aber mit be rech tigtem Stolze dürft Ihr auf uns herabblicken.

Wagt nicht, diese Worte als Ironie aufzufassen! — Ich protestire feierlich dagegen. Ich habe den Schleier von dem semitischen « Bilde von Sais » heruntergerissen und blicke der furchtbaren « Isis » fest in's Antlitz, denn ich läugne ihre Macht nicht. Das enthüllte Bild kündet mir nichts Neues.

Gesteht, anständiger, anerkennender hat Euch noch nie ein Feind behandelt als ich es gethan, der ich persönlich, wie Viele, Viele von Euch wissen, doch ein Leben voll Ursachen hätte, Euch zu hassen.

Aber man hasst nicht mehr, wenn man erkannt hat. « Beaucoup savoir, c'est beaucoup pardonner », sagt Voltaire, und ich « weiss », dass Ihr die Sieger seid.

Empfehle ich mich damit Eurer « Gnade »?
Nein.
Ich will Nichts von Euch als: Achtung vor meiner Ueberzeugung.

Ich kann mich ja geirrt haben. Es kann ja möglich sein, dass der Semitismus und das Germanenthum sozialpolitisch Frieden schliessen. Ich glaube nur an diesen Frieden nicht. Ich glaube nur an das, was ich sehe: an unsere sozialpolitische Knechtung unter Euch, und statt mit den Ketten renommistisch zu rasseln, wie es so viele thun, bekenne ich, dass wir an « Hand und Fuss », an « Kopf und Herz » von Euch in Fesseln geschlagen sind — vom Palast bis in die Hütte.

An die Stelle der Leidenschaftlichkeit des Kämpfens ist bei mir die stoische Resignation getreten. Kühlt Euer Müthchen in wohlfeiler Weise an dem Stoiker, wenn Ihr es nicht lassen könnt. Nur redet weder von Confessions- noch Racenhass. Es ist der Schmerz eines unterdrückten Volkes, der aus meiner Feder spricht, eines Volkes, welches unter Eurer Herrschaft heute seufzt, wie Ihr unter unserer Herrschaft geseufzt, aber das Ihr im Laufe der Zeit schrittweise zu Boden geworfen habt.

Die «Götterdämmerung» ist für uns angebrochen. Ihr seid die Herren, wir die Knechte.

Was bleibt uns übrig?

Sollen wir uns Rom in die Arme werfen? Sollen wir «nach Canossa» gehen und dem Papstthum alle Errungenschaften unserer Wissenschaft zu Füssen legen? Das wäre ein saurerer Gang als ihn Luther zu Worms gethan! Sollen wir uns mit den protestantischen «Muckern» verbinden und hier wie dort Confessionshass heucheln? Ebenfalls unmöglich.

Die «freisinnige» Tagespresse ist uns verschlossen, denn Ihr habt sie zu monopolisiren verstanden! Ja, die **heilige Freiheit selbst ist jüdisches Monopol geworden! Sie muss sich nach sozialpolitischen jüdischen Dogmen richten.**

Und ich halte es desshalb für meine Pflicht, sogar meinen **Verleger** von jeder moralischen Verantwortlichkeit für diese Schrift, für dieses **Pronunziamento der Resignation**, zu entbinden, um ihn sicher zu stellen vor der Rachsucht der jüdischen Sieger.

Eine «Stimme in der Wüste» ist laut geworden und hat nur **Thatsachen festgestellt**. — Unumstössliche Thatsachen.

Finden wir uns in das Unvermeidliche, wenn wir es nicht ändern können.

Es heisst:

Finis Germaniæ.

An die Leser.

Obgleich die in vorstehender Schrift entwickelten Ansichten pessimistisch genannt werden können, so sind doch eine Anzahl deutscher Schriftsteller bereit, mit mir gemeinschaftlich den Kampf gegen die Verjudung der Gesellschaft zu versuchen.

Wohlverstanden ohne jeden Glaubenshass, also nicht im Sinne und Interesse eines fanatischen Priesterthums und eben so wenig an die rohen Leidenschaften der Menge appellirend.

Eine **socialpolitische Wochenschrift** zu gründen ist unsere Absicht, welche sich zugleich frei von jedem einseitig politischen Parteitreiben hält und am allerwenigsten socialdemokratischen Utopien huldigen soll.

Vielleicht gelingt es, eine moralische Pression auf die jüdische Fremdherrschaft auszuüben und die schroffen socialpolitischen Gegensätze zwischen dem Judenthum und dem Germanenthum zu mildern.

Es bedarf dazu eines verhältnissmässig **geringen** Kapitals, denn der Gegenstand bürgt für den «geschäftlichen» Erfolg, und soll den Darleihern ausser den Zinsen noch eine Tantième vom Reinertrage des Unternehmens zuerkannt werden.

Ich mache den Versuch dieser Anfrage auf Wunsch mehrerer gleichgesinnter Publicisten denn ich persönlich bin zu sehr Pessimist, um an den Erfolg dieser Anfrage im heutigen Deutschland glauben zu können.

Etwaige Offerten erbitte ich mir durch die Verlagshandlung.

W. Marr.